AF242645

LETTRES

D'UN

EXILÉ A UN MAGISTRAT,

PAR

N. J. CRETON,

ANCIEN MEMBRE DES ASSEMBLÉES NATIONALES.

> Justitiam colimus : boni et æqui noti-
> tiam profitemur æquum ab iniquo sepa-
> rantes : veram philosophiam non simu-
> latam affectantes.
>
> (D. LIB. I, TIT. I.)

BRUXELLES,

EN VENTE CHEZ A. L. LÉVÊQUE, ÉDITEUR,

RUE DE L'ABRICOT, 15.

1852.

LETTRE PREMIÈRE.

SUR LA JUSTICE.

(DE JUSTITIA ET JURE.)

> L'utile ne doit jamais être séparé de
> l'honnête... Quand le droit des personnes
> est foulé aux pieds, l'injustice n'est pas
> moins condamnable, soit qu'elle vienne
> des particuliers, soit qu'elle vienne de
> l'État. (M. TROPLONG, 1850.)

Monsieur le Président,

Vous êtes un magistrat placé dans une position très-élevée, bientôt le premier de tous, je suis actuellement un exilé très-obscur ; il y a donc, peut-être, quelque témérité de ma part à venir protester contre les opinions que vous avez émises, à l'occasion des événements qui se sont accomplis en France depuis six mois. Mais c'est devant vous-même que j'interjette appel de vos jugements, et cet hommage que je rends ainsi à votre probité et à vos lumières sera, je l'espère, une circonstance atténuante en ma faveur.

Lorsque je lisais vos écrits antérieurs, je me permettais de penser qu'il y avait une certaine communauté de sentiments entre nous; car, si je me donnais quelquefois le tort de trouver dans plusieurs de vos solutions de légiste quelque chose de paradoxal et de hasardé, et s'il m'arrivait, à certains jours, de préférer à votre érudition si variée et aux vives couleurs de votre style, la simplicité si sûre et si vraie de nos anciens amis Domat et Pothier, je ne me rappelle pas que vos appréciations religieuses, morales ou historiques aient soulevé dans mon esprit le plus léger dissentiment. Vous subordonniez alors toute la politique à la morale, le *sens moral* dirigeait tous vos jugements, et vous ne trouviez rien d'utile qui ne fût conforme à la plus scrupuleuse honnêteté.

Malheureusement, il s'est opéré dans les choses et dans les esprits de douloureuses métamorphoses; l'histoire elle-même et les principes ont été mis au service d'une cause nouvelle; rien d'élevé, rien de ce qui tient à la dignité humaine n'est resté debout. Si du moins, pour préconiser la force et le pouvoir absolu, on n'eût trouvé que des hommes à jeunesse orageuse, des insolvables, des écrivains sans foi, en un mot, cet *entourage* de César, si bien caractérisé par Cicéron, les victimes de haines aveugles seraient moins profondément affligées; mais, il faut bien le dire, des hommes dont nous avons honoré le talent et le caractère, en bien petit nombre sans doute, mais enfin quelques-uns, sont venus en aide à ceux qui ont pris pour devise cette maxime célèbre, que *le droit peut être violé quand il s'agit de régner.*

La violence ayant triomphé, j'admets qu'il a pu être utile que les magistrats ne descendissent pas de leurs siéges. S'ils ne s'étaient pas soumis à une pénible formalité, en quelles mains les intérêts privés ne pouvaient-ils pas être remis! Mais, de la résignation, de la soumission même, à l'apologie, l'intervalle est immense. Je conçois que l'orateur romain ait constaté l'impossibilité de lutter contre la puissance de César, mais on ne pourra jamais excuser les éloges publics qu'il a décernés à ce maître dont il connaissait si bien la dissimulation profonde et les détestables instincts (*).

Hélas! Monsieur le Président, ce n'est pas seulement

(*) Florus n'est pas le seul qui nous apprenne ce qu'il faut penser de la clémence calculée de César; Cicéron, dans sa correspondance avec Atticus, s'exprime en ces termes : « *Ipsum autem non ex volun-* » *tate et naturâ non esse crudelem, sed quod putaret popularem esse* » *clementiam : quod si populi studium amisisset, crudelem fore :* » *eumque perturbatum quod intelligeret sed apud ipsam plebem* » *offendisse de ærario.* »

Ce qui tend à induire en erreur la postérité, c'est que presque tous les auteurs qui ont écrit sous l'ère des Césars, ont prodigué des louanges à ceux des empereurs qui n'étaient pas des êtres atroces. On les louait de ce qu'ils voulaient bien s'abstenir de certains crimes, et de ce qu'ils imposaient certaines limites à la perversité et à la cruauté. (*Voyez* Pline le Jeune, *panégyrique de Trajan.*)

sous la toge que se sont trouvées ces dispositions funestes à confondre la force avec le droit. Il existe un corps plus saint encore que la magistrature, qui, plus tard, soyez-en certain, déplorera des apologies auxquelles il n'était pas rigoureusement contraint. La religion devrait toujours rester en dehors et bien au-dessus de tous les systèmes politiques, prier avec ferveur et charité pour tous les hommes et réserver ses louanges pour le souverain maître qui règne dans l'éternité. Le clergé, je le reconnais, n'a point à protester contre la force qui n'attaque pas les choses saintes ; loin de provoquer l'anathème contre les usurpateurs et les parjures, je ne m'indigne pas que les despotes soient reçus dans les temples et que l'on appelle sur eux la lumière divine ; mais, tout humble chrétien que je sois, j'ose penser qu'il vaudrait mieux, qu'en dehors des strictes obligations qui leur sont imposées, les prélats s'abstinssent de manifestations politiques. Sans doute les révolutions, les violences, les guerres entrent dans les décrets de la Providence, comme toutes les calamités auxquelles les nations sont soumises ; ce sont des épreuves et des enseignements qu'il faut savoir subir avec résignation et avec courage ; mais nul ne peut être tenu d'applaudir au pouvoir absolu. L'auteur de toutes choses permet qu'il y ait des usurpateurs et des oppresseurs, mais il ne faut pas les appeler *envoyés de Dieu ;* ces mots ont dans notre langue un sens trop sublime ; et puisse le ciel nous tenir en garde contre de pareils *envoyés !*

Or, j'appelle usurpateurs les hommes sans scrupule

et sans foi, qui, jusqu'à ce qu'ils aient saisi le pouvoir, appellent l'agitation et l'inquiétude, roulent dans leur esprit les mauvais desseins, les subornations, les complots, parlent d'abord de liberté, puis d'ordre public, s'élèvent par la fraude et recourent enfin à la violence.

J'appelle oppresseurs les hommes qui ne laissent aucun moyen de salut à ceux qu'ils regardent comme leurs adversaires politiques, ceux qui règnent par la force, par les confiscations et les exils, et qui tiennent suspendue sur les personnes et sur les biens des citoyens, même les plus dignes, la crainte d'un mal considérable et présent.

Mais il est temps que je revienne à l'objet principal de cette première lettre, qui est d'opposer à vos opinions nouvelles les principes que vous avez développés si noblement et avec tant de force, sur la justice appliquée au gouvernement des États.

Dans les lettres suivantes, je traiterai, à moins que cela ne vous déplaise, du pouvoir absolu, de la démocratie, de Tacite et de Montesquieu, des Césars et d'autres sujets analogues qui vous ont paru dignes d'être étudiés. Aujourd'hui, je me borne à examiner avec vous s'il peut jamais être permis à un gouvernement quelconque d'attenter, sous quelque prétexte que ce soit, aux droits privés des citoyens qui n'ont eux-mêmes porté aucune atteinte aux droits d'autrui, et si les hommes généreux qui exercent sur l'opinion publique une influence légitime, ne doivent pas s'imposer l'impérieux devoir de flétrir tout pouvoir qui abuse de la force pour violer le droit commun.

Personne, monsieur le Président, n'a commenté mieux que vous ces trois règles éternelles formulées par le droit romain : *pratiquer l'honnêteté, ne léser personne, rendre à chacun ce qui lui appartient ;* personne n'a plus solidement établi que ces règles obligent les gouvernements plus strictement encore que les individus ; personne enfin ne s'est élevé avec plus de force contre les leçons de Machiavel qui ont constamment inspiré la *politique napoléonienne* (*). Permettez-moi

(*) « Quel est donc le principe destructeur qui suivait ses pas triomphants? Quel est-il? le mépris des hommes, et par conséquent de toutes les lois, de toutes les études, de tous les établissements, de toutes les élections dont la base est le respect pour l'espèce humaine... Un principe général, quel qu'il fût, déplaisait à Bonaparte comme une niaiserie ou comme un ennemi. Il n'écoutait que les considérations du moment et n'examinait les choses que sous le rapport de leur utilité immédiate; car il aurait voulu mettre le monde entier en rente viagère sur sa tête. Il n'était point sanguinaire, mais indifférent à la vie des hommes. Il ne la considérait que comme un moyen d'arriver à son but *ou un obstacle à écarter de sa route.* Il n'était pas même aussi colère qu'il a paru l'être : il voulait effrayer avec ses paroles, afin de s'épargner le fait par la menace. Tout était chez lui moyen ou but; l'involontaire ne se trouvait nulle part, ni dans le bien, ni dans le mal... Jamais il n'a cru aux sentiments exaltés, soit dans les individus, soit dans les nations; il a pris l'expression de ces sentiments pour de l'hypocrisie. Il pensait tenir la clef de la nature humaine par la crainte et par l'espérance habilement présentées aux égoïstes et aux ambitieux. » (Mme DE STAEL. *Consid. sur la révol.*)

Un philosophe modeste, calme, impartial, qui n'a jamais recherché que la vérité, en un mot un homme de bien, dans l'acception la de reproduire ici quelques passages de vos écrits, antérieurs il est vrai à 1851, mais dont les hommes véritablement honnêtes n'ont pas perdu le souvenir :

« Comment l'union se maintient-elle entre les hom-
» mes? en respectant le droit de chacun. Quand le droit
» d'une personne est violé, l'égalité disparaît ; la
» balance penche du côté de la force et de l'injustice, le
» lien social est altéré.

» S'il est vrai que chaque individu doive respecter le
» droit de son semblable, pour être à son tour respecté,

plus étendue que l'on puisse donner à cette qualification, M. Droz, a porté sur Napoléon le jugement que voici :

« Bonaparte possédait les deux qualités avec lesquelles on est le
» plus certain de dominer ses semblables : il avait une force de
» volonté qui bravait tous les obstacles, et une activité si prodigieuse
» qu'aucun homme peut-être n'en a jamais possédé davantage. Ces
» deux qualités, dont les effets sont toujours remarquables, indiffé-
» rentes par elles-mêmes au bien et au mal, méritent la reconnais-
» sance ou la haine selon la direction qu'elles reçoivent. Ce qui
» manquait essentiellement à Bonaparte, c'était l'élévation d'âme.
» Presque tous les sentiments se tournaient chez lui en égoïsme,
» très-peu se dirigeaient vers la justice, aucun vers le bien de l'huma-
» nité... Quoique sa fin semble déposer contre ses talents, il eut
» une étonnante habileté dans l'art de la guerre. La fortune sans le
» génie ne peut donner vingt ans de succès continuels. Toutefois, il
» n'eut pas le seul talent militaire qui suppose une âme élevée; il
» n'eut point cette qualité des grands capitaines qui leur enseigne à
» ménager le sang de leurs soldats. Bonaparte regardait la France
» comme un parc d'hommes inépuisable : il dévorait des soldats,
» en demandait, les dévorait, en demandait de nouveaux; et, quand
» il rentra à Paris pour la dernière fois, il venait en redemander

» il n'est pas moins évident que l'État, représentant
» les droits de tous, s'écarterait des voies de la justice
» et du bon ordre, dès l'instant que le droit de *chaque*
» *citoyen* ne trouverait pas auprès de lui le respect, le
» secours et la protection.

» On parle souvent de l'intérêt général auquel doit
» se subordonner l'intérêt privé ; mais *l'intérêt général*
» *n'est qu'un prétexte à l'injustice et à la vexation, si*
» *l'intérêt de chacun ne se trouve pas dans l'intérêt de*
» *tous*. Que devient l'honnêteté, que devient la justice,

» encore. — ... Il ne substitua point, dans l'esprit des Français, une
» noble pensée à leurs idées divergentes ; il voulait leur inspirer
» l'enthousiasme de ses victoires et l'idolâtrie de sa personne ; il ne
» changea pas leurs opinions, il les instruisit à mentir à leur con-
» science ; il les unit, mais sous une commune oppression et dans la
» même honte. Sa morale et sa politique étaient dans une harmonie
» parfaite : il réduisait la morale à l'obéissance, et sa politique con-
» sistait à rendre les âmes vénales. Quand on manque d'élévation
» dans les sentiments, on manque, sous les plus importants rapports,
» de justesse et d'étendue dans les idées.... Il se fit conquérant ; il
» se fit empereur ; quelquefois même il se fit copiste servile ; et on
» le vit pousser jusqu'au ridicule le soin de rechercher les minu-
» tieux usages de la vieille étiquette des cours. Ses vues étaient tan-
» tôt mesquines et tantôt gigantesques ; il lui fallait des chambellans
» et le sceptre du monde. — L'homme véritablement grand est en
» avant de son siècle ; Napoléon se mit en arrière du sien... Sa
» grandeur consistait au dehors à se promener en vainqueur dans
» des contrées qu'il désolait ; au dedans, à suivre avec persévérance
» un système de centralisation qui mettait dans ses mains tous les
» hommes, toutes les libertés, tous les revenus. Chef-d'œuvre
» de despotisme ! mais ajoutons que le despotisme est ce qui

» si, au nom d'une utilité publique fausse et controu-
» vée, nous méconnaissons un des droits essentiels qui
» se puisent dans la nature et auxquels la société a
» promis protection. L'État est *plus coupable* que les
» particuliers lorsqu'il se crée une ligne en dehors du
» droit de chacun. Les particuliers ont l'excuse de la
» passion; l'État ne doit avoir que la passion du juste.
» Défions-nous donc de l'intérêt général dans lequel
» nous ne rencontrons pas l'intérêt de chacun. *Cet*
» *intérêt général est menteur ;* de quelque nom favora-
» ble qu'il se décore, il brise le lien commun de la
» société......

» Vous faites comme Sylla et César, qui prenaient
» à leurs ennemis pour donner à leurs amis; vous
» détruisez le plus solide rempart de la société, l'héri-
» tage propre et privé; vous corrompez la bienfaisance
» et vous *commettez un crime* au lieu de faire une
» bonne action. La libéralité sans la justice n'est pas
» la bienfaisance. »

Dès 1846, vous écriviez : « Quand on a de bonnes

» suppose le moins de génie dans le fondateur d'un empire.
» Si j'avais besoin de prouver que ce jugement n'est point sévère,
» il me suffirait de citer les faits nombreux que j'ai laissés dans l'om-
» bre. Les seuls hommes qui aient le droit de contester ce jugement
» sont ceux que Bonaparte combla de ses faveurs aux jours de sa
» prospérité. Ceux-là forment une classe à part; s'ils gardent le
» silence sur le conquérant, je les approuve; s'ils essaient de le
» louer, je les excuse : on ne fait d'un ingrat ni un bon citoyen, ni un
» sujet fidèle. » (APPLICATION DE LA MORALE A LA POLITIQUE.)

» et saines doctrines, accordées d'avance, on cherche
» à y soumettre ses actions. On trouve un frein dans sa
» conscience. Mais si un scepticisme affecté vous laisse
» sans boussole, vous êtes plus enclin à suivre l'intérêt
» du moment ou l'aveugle entrainement de la passion.
» Dans le premier cas, si l'on pèche contre le droit,
» on le fait malgré sa conscience, c'est-à-dire, avec
» trouble et hésitation, avec la crainte de l'expiation,
» avec le tourment du remords. Dans le second cas,
» on fait le mal comme on ferait le bien, avec confiance
» et comme par système. Le mal est alors sans leçons ! !.
» Que Napoléon viole le territoire étranger pour enle-
» ver le duc d'Enghien ; qu'il trompe Ferdinand pour
» le faire son prisonnier, la loyauté française révoltée
» avoue le tort d'un grand homme ; et, sur le champ,
» la conscience publique se reporte sur les revers qui
» ont flétri cette vie si illustre et si prodigieuse. »

Il me semble résulter de ces citations, que vous repoussiez avec l'accent de l'indignation tout ce qui pouvait ressembler à l'arbitraire ; que les principes fondamentaux du droit ne vous paraissaient devoir fléchir devant aucune circonstance ; que, selon vous, aucun gouvernement, aucune dictature, ne pouvait, sans crime, attenter aux intérêts privés ; que le domaine judiciaire était, par sa nature même, en dehors de l'action du pouvoir, et qu'il n'y avait rien au monde qui fût plus odieux que les confiscations et les proscriptions politiques. Si j'ai mal résumé vos anciennes doctrines, monsieur le Président, vous pourrez me reprendre ; mais si j'ai bien reproduit vos paroles d'autrefois, je me crois quelque peu fondé à soutenir qu'elles ne sont pas en harmonie parfaite avec vos paroles d'aujourd'hui.

Je lis, en effet, dans un discours que vous avez récemment prononcé, très-spontanément, les passages que voici :

« *Vous allez renouer* L'ANTIQUE LIEN *de la justice avec*
» *le prince*..... La démocratie romaine, longtemps com-
» battue par le parti aristocratique et républicain,
» a conquis dans César et DANS AUGUSTE *l'ère tardive de*
» *son avènement*..... La démocratie s'est toujours déve-
» loppée en raison de la puissance de la couronne.....
» Au lieu des jours annoncés par l'ange exterminateur,
» elle voit *briller* un avenir serein.... Il est permis de
» croire que *l'harmonie est maintenant rétablie*.... Sans
» le *commandement*, l'homme ne trouverait dans le
» monde ni *justice*, ni raison, ni assurance pour ce
» qu'il possède, ni ressource pour ce qu'il aurait perdu.
» Recevons *avec reconnaissance* la main puissante que
» la Providence nous tenait en réserve pour rester
» constante dans ses lois.

» Ce n'est pas la magistrature qui pourra se plaindre
» de cette restauration du pouvoir si glorieusement
» entreprise par Louis-Napoléon.... une *intime solida-*
» *rité* existe entre toutes les branches du gouverne-
» ment.... »

Parlant du pouvoir de Napoléon Ier, vous dites :
« Comme ce pouvoir est fort et conservateur, *il aime*
» *la justice*, c'est-à-dire l'ordre dans les rapports des

» hommes; et la magistrature, organe de la justice
» reçoit de lui, DE LUI SEUL, Messieurs, cette admirable
» organisation qui a résisté, tant elle est excellente, à
» trois révolutions.

» Elle ne devait pas se trouver ébranlée par celle du
» 2 décembre, qui, ainsi que le disait l'autre jour Louis-
» Napoléon, a replacé la pyramide sur sa base. La ma-
» gistrature se défendait auprès de lui par son dévoue-
» ment aux intérêts sociaux, par son culte du devoir,
» par sa haute intégrité, par le respect que ses éminents
» services inspirent à la France. Le prince l'a compris,
» et sa *modération* l'a retenu *dans sa force.* Nous sau-
» rons répondre, *par la loyauté de nos serments,* à la
» confiance qu'il a mise en nous...... La magistrature
» se souviendra qu'en 1852, *un gouvernement généreux,*
» secondé par des conseillers prudents et éclairés, a noble-
» ment répudié de douloureux exemples..... *l'inamovi-*
» *bilité,* cette garantie de toute bonne justice, a été de
» *plus fort* cimentée.....

» Oui, disons-le hautement, jamais révolution n'a
» moins coûté à la magistrature, jamais les droits acquis
» n'ont été mieux respectés, et, sous ce rapport, comme
» sous tant d'autres, l'événement du 2 décembre est une
» révolution qui consolide et non une révolution qui
» ébranle.....

» Lorsque, dans sa Constitution, Louis-Napoléon a
» voulu que la justice fût rendue en son nom, ce n'a
» pas été, de sa part, l'intention ambitieuse de renouve-
» ler d'anciennes formules constitutionnelles; c'est une

» pensée profondément philosophique qu'il a gravée dans
» le pacte fondamental, pour montrer à la nation qu'à ses
» yeux *la justice* est un des plus beaux attributs du gou-
» vernement des hommes. *Les livres saints ne séparent*
» *jamais la force de la justice.* Les princes qui ont l'intel-
» ligence de leur mission savent que la force toute seule
» n'est qu'un orage qui passe, mais que *la force unie à*
» *la justice* est celle qui fonde et raffermit les sociétés.»

A moins que je ne m'abuse, ces paroles sont un pom-
peux éloge de Napoléon Ier et de son *héritier légitime,*
non-seulement au point de vue de la force, mais encore
et surtout au point de vue de l'indépendance de la magistrature et des règles de la justice éternelle qui,
comme vous l'avez très-bien établi, consiste principale-
ment dans le respect absolu du *droit de chacun.* En
rapprochant vos écrits antérieurs de ce panégyrique, il
faudrait admettre que les deux souverains dont il s'agit
ont profondément respecté les trois principes auxquels
vous teniez tant : *honeste vivere, neminem lædere,*
suum cuique tribuere.

Or, si je disais, avec beaucoup d'illustres contemporains, que le premier empereur, jusqu'à l'époque de ses
revers, avait pris ces trois principes en considération
très-médiocre, vous répondriez peut-être que vous
n'êtes pas de ce sentiment, et la discussion n'avancerait
pas; il faut donc préciser quelques faits.

Nous devons d'abord constater que l'inamovibilité qui,
comme vous le faites très-bien observer, est *la garantie*
de toute bonne justice, n'est jamais entrée dans la pensée

intime de Napoléon. Nominalement inscrite dans la Constitution de l'an VIII, elle n'a pas cessé d'être plus ou moins directement éludée ou faussée par lui; car il comprenait bien que l'inamovibilité serait tôt ou tard une gêne pour le pouvoir absolu. Elle n'a repris son caractère sérieux, honnête, fondamental que dans les chartes de 1814 et de 1830, et dans la Constitution de 1848 (*).

(*) Le principe de l'inamovibilité était dans les instincts, et presque dans les usages de nos ancêtres, avant d'être inscrit dans les lois positives. Philippe le Bel l'avait reconnu. Charles V, ayant destitué plusieurs officiers, vit bientôt le mal qu'il avait fait; il vint au parlement où il déclara que les destitutions avaient été faites contre raison et justice, et il les annula.

Après de longues doléances du peuple, Louis XI donna la célèbre déclaration de 1467, portant qu'à l'avenir les juges ne pourraient être destitués ni privés de leurs charges que pour forfaiture préalablement jugée ou déclarée *judiciairement, selon les termes de justice et par juge compétent.* Charles VIII jura d'observer cette loi.

Louis XIV confirma la déclaration de Louis XI par celle de 1648.

Louis XV, en 1759, répondit en ces termes au Parlement de Paris :

« Sa Majesté, bien instruite de la loi célèbre de Louis XI, entend
» que les titulaires d'offices ne puissent en être privés que par mort,
» résignation volontaire ou forfaiture *bien et dûment jugée.* »

Ce grand principe paraissait également consacré par les articles 41 et 68 de la Constitution de l'an VIII; mais, comme le fait observer M. Carré, il fut bientôt absorbé dans l'incohérente collection des constitutions *impériales.*

Le sénatus-consulte organique du 28 floréal an XII n'attribua l'institution à vie qu'au président de la Cour de cassation, des Cours d'appel et des Cours de justice criminelle.

L'empereur avait donné de l'éclat à la magistrature, mais non de la solidité : il ne voulait pas plus d'indépendance pour elle que pour les autres corps de l'État. Sous l'empire, il n'y avait pas de *pouvoir* judiciaire proprement dit. Toutes les fois que les passions du chef étaient intéressées dans un débat, il intervenait ; jamais il n'a voulu que la justice ordinaire fût saisie des faits politiques.

Est-ce que les lois impériales ont garanti la liberté individuelle ? est-ce que les confiscations ont été abolies sous l'empire ? Vous avez oublié que la liberté, la fortune, la vie et l'honneur des citoyens étaient à la merci

Un autre sénatus-consulte du 1er octobre 1807, inspiré par un esprit hostile à l'indépendance de la magistrature, porte que les provisions à vie ne seront délivrées aux juges qu'après cinq ans d'exercice, *si Sa Majesté l'Empereur reconnaît qu'ils méritent d'être maintenus dans leurs places.*

Le même acte, statuant sur le passé, déclare qu'il sera procédé à l'examen des juges signalés par leur inconduite ou par leur incapacité. Cet examen devait être fait *sur un rapport du ministre de la justice, renvoyé par ordre de Sa Majesté à une commission de six sénateurs nommés par elle, et Sa Majesté se réservait de prononcer définitivement sur le maintien ou la révocation des juges désignés dans le rapport.*

« Nous ne recueillerons pas, dit l'honorable M. Dalloz, le texte de
» cet acte attentatoire à la dignité des magistrats et au salutaire
» principe de l'inamovibilité, rétabli dans son intégrité par la
» Charte constitutionnelle. »

« On a vu, dit le même auteur, les audiences de la Cour de
» cassation présidées par un ministre, fonctionnaire essentiellement
» révocable, participant à des arrêts qui devaient être rendus par des
» juges inamovibles. »

de la police de l'empereur. Le décret du sénat, rendu le 3 avril 1814, quoique ses motifs, sous le rapport de l'opportunité et du courage, soient, je l'avoue, peu dignes d'être loués, ne contient qu'une énumération tout à-fait incomplète des abus de pouvoir dont le chef de l'État s'était rendu coupable; mais il rappelle que l'empereur avait confondu tous les pouvoirs et *détruit l'indépendance des corps judiciaires.*

Je parlerai dans une autre lettre de l'organisation de fer dans laquelle il enfermait la nation et par laquelle il menaça de comprimer l'Europe entière; je n'examine aujourd'hui le pouvoir absolu que dans ses rapports avec la morale et avec la justice. A cet égard, il est impossible d'omettre l'inquisition qui pesait sur toutes les familles, l'immoralité du pouvoir si bien caractérisée par la consécration officielle des jeux et de la loterie, ses indignes procédés envers le souverain Pontife. Vous-même, en 1846, vous citiez de grands attentats commis contre les lois divines et humaines; les victimes moins illustres sont oubliées.

Les paroles trahissaient quelquefois la pensée du maître. Vous savez qu'un conseiller d'État ayant objecté qu'une mesure était contraire aux dispositions du Code, il répondit : « Le Code Napoléon a été fait pour » le salut du peuple, et si ce salut exige d'autres mesures, » il faut les prendre. » Le même esprit reparaît dans les paroles qu'il adressait au respectable M. de Melzi : « Ne donnez pas dans cette philosophie du dix-huitième » siècle: il n'y a qu'une seule chose à faire dans ce

» monde, c'est d'acquérir toujours plus d'argent et de
» pouvoir; tout le reste est chimère. »

En 1810, il faisait lui-même insérer au *Moniteur*
cet avertissement donné à un membre de sa famille:
« N'oubliez jamais, dans quelque position que vous
» placent ma politique et l'intérêt de mon Empire, que
» vos premiers devoirs sont envers moi, vos seconds
» envers la France; tous vos autres devoirs, même ceux
» envers les peuples que je pourrai vous confier, ne
» viennent qu'après. »

Je passe au second empereur, réhabilité par le genre
de suffrage que César, d'après vous et d'après Suétone,
dominait en le dirigeant. Comme je tiens essentiellement à ce que les rigueurs que je subis ne soient pas
aggravées, je ne rechercherai pas quels sont ses principes sur les moyens d'attirer les chefs de la force publique et de se créer un parti; je ne vous rappellerai
pas les promesses, réitérées jusqu'au dernier jour, de
rester fidèle à un serment solennellement prêté devant
Dieu; je ne vous dirai pas qu'en ma présence, quinze
jours avant le coup d'État, un des principaux complices,
s'expliquant sur les mesures que l'Assemblée voulait
prendre pour sa sûreté, déclarait qu'il n'entendait pas
discuter dans une hypothèse attentatoire à l'honneur de
son chef, et que le plus beau jour de sa vie serait celui
où on l'appellerait à défendre l'Assemblée nationale.

On a prétendu que, dans les jours qui ont suivi le
2 décembre, à Paris même, sans prétexte plausible,
sans sommation, des citoyens inoffensifs avaient été

frappés de mort, et que ces homicides, suivant un mot odieusement célèbre, avaient eu pour but unique de *faire peur* à tous ceux qui auraient voulu résister. Vous pourriez contester ces faits; je n'en ai pas été témoin; je laisse à l'avenir le soin de les éclaircir.

Il est à ma connaissance que, dans plusieurs départements, le pouvoir a sévi contre des hommes qui n'étaient pas plus socialistes que vous et moi; qui, seulement, avant que l'entreprise fût couronnée par le succès, étaient entièrement hostiles au coup d'État et avaient voulu repousser la force par la force; mais vous m'opposeriez des rapports officiels; je me tairai.

C'est à des faits incontestables que je m'arrêterai, toujours en me plaçant à votre point de vue de 1850, c'est-à-dire en admettant qu'en toute chose *l'honnête* est la règle suprême, et qu'*il y a crime* toutes les fois qu'en invoquant la nécessité ou le salut public on attente à la personne ou à la fortune des citoyens qui n'ont commis aucun délit.

Or, vous savez parfaitement, monsieur le Président, que beaucoup de citoyens auxquels il serait impossible d'imputer aucune action blâmable, qui ne pourraient pas même être traduits en simple police, sont, à cette heure même, où la France vous semble si prospère, où le gouvernement vous paraît si juste et si magnanime, privés de leur patrie, de leurs amis, de leurs familles, de leur état, de leurs légitimes moyens d'existence; que plusieurs se sont vu enlever des emplois ou des fonctions honorables, et qu'ils subissent ainsi de véritables confiscations. Vous le savez comme moi ; nous ne pouvons différer que sur le nombre.

Je ne suis ni des plus notables ni des plus obscurs, ni des plus malheureux, ni de ceux qui ont le moins à souffrir ; je puis donc, un moment, citer ma position comme exemple.

Sous le rapport de la morale sublime qui nous est enseignée par l'Évangile, je suis loin, monsieur le Président, de me prétendre irréprochable ; mais, au point de vue de la morale humaine, de celle qui est renfermée dans les trois principes que vous développiez en 1850, je ne redoute aucun témoignage ; je puis livrer ma vie entière au jugement de tous les hommes de cœur ; et cette confiance avec laquelle je porte mes regards sur le passé, sera la base de mon inébranlable résignation. Ceux mêmes qui, forcément sans doute, ont prêté leur concours à l'indigne persécution que je subis, savent très-bien qu'il est impossible de m'accuser. Un des complices du 2 décembre, en m'adressant une ampliation des tables de proscription du 9 janvier, ne croyant pas me faire offense, m'assurait de sa considération (*). Ainsi, monsieur le Président, un citoyen

____

(*) Depuis mon exil, les témoignages de sympathie se sont multipliés pour moi bien au delà de ce que j'ai pu mériter. Au moment même où j'écrivais ces lignes, je recevais d'un très-honorable magistrat une lettre dont on me permettra d'extraire le passage suivant ; il est une sorte d'orgueil qu'il faut pardonner aux opprimés ; les juridictions contemporaines leur étant fermées, ils se défendent pour l'avenir :

« Je crois rêver quand je vous vois, vous si loyal, et conservateur qu'on ne peut accuser ni même soupçonner d'aucun délit, subit un bannissement qui ne le flétrit pas, sans doute, mais qui, matériellement, est une peine afflictive. Quel dommage plus grand subirais-je si la haute-cour de justice m'eût condamné pour quelque grand crime ?

Je sais que les hommes vulgaires disent à cela que le Préteur n'a pas à s'occuper de si petites choses ; mais vous, monsieur le Président, vous ne ferez pas une pareille réponse, car c'est vous qui avez écrit ces belles paroles : « Quand le droit *d'une personne* est » violé, l'égalité disparaît, la balance penche du côté de » la force et de l'injustice, le lien social est altéré. »

» par instinct, frappé comme un anarchiste et chassé de votre pays » où vous n'avez voulu faire prévaloir que des idées de modération » et d'ordre. En politique, y eut-il jamais un libéralisme plus pur que » le vôtre, plus opposé aux excès de tout genre, plus tempéré d'expé- » rience pratique et de respect pour toutes les opinions honnêtes ? » Les hommes généreux sont trop souvent dupes, je le savais ; mais » faut-il encore qu'ils soient victimes ? A peine majeur, on fulminait » un réquisitoire contre le jeune avocat qui avait tourné les yeux vers » le captif de Sainte-Hélène. Ses débuts, sa profession étaient compro- » mis, parce qu'il avait cédé à un mouvement de sensibilité pour une » grande infortune. Trente ans plus tard, le même homme doit peut-être » son bannissement à ce qu'une famille appelée aussi à régner sur la » France, a reçu de lui, dans son malheur, des témoignages publics » de respect. Même châtiment pour la même faute ; si c'en est une » de donner des larmes aux vaincus, quand la maxime *væ victis* est » devenue la règle de tant de gens. »

L'allusion contenue dans cette lettre est fondée sur le fait que voici :

D'ailleurs des milliers de familles sont frappées comme la mienne et avec autant d'iniquité.

Vous n'ignorez pas, monsieur le Président, que des guerriers qui mettent le véritable honneur au-dessus de la bravoure, des hommes d'élite, en un mot, ont été violemment incarcérés, puis proscrits. C'est la force qui soutient de pareils actes, mais certes il n'y a rien au monde qui soit plus opposé à l'honnêteté et à la justice. Si mon illustre ami, le général Changarnier, eût consenti à se laisser corrompre, il serait en ce moment couvert d'or et de dignités; un titre spécial eût été reconstitué pour lui; le second rang lui était offert.... Il est vrai qu'il préfère l'exil et la pauvreté, oui, la noble pauvreté avec les calomnies et les outrages ! Cela est

Peu de temps après le détestable attentat commis sur la personne de M. le duc de Berri, je plaidais devant la cour d'assises de la Somme, pour un malheureux, convaincu d'avoir crié : *Vive l'empereur.* — L'accusé était un homme simple qui n'avait eu certainement aucune intention criminelle. Attribuant sa faute à des souvenirs d'affection et à l'imprudence de l'ivresse, quelque chose comme la phrase suivante m'échappa : « Ah! quand sur un rocher, au sein de l'Atlantique, » Napoléon expie ses fautes et nos malheurs, ne soyons pas inflexi- » bles envers ceux qui font pour lui les vœux que la religion nous » commande de faire pour nos ennemis... Que le fanatisme politique » s'exhale en souhaitant la vie, ses mains n'aiguiseront plus de » poignards ! »

Des conclusions furent prises contre moi. La Cour, après s'être retirée, rendit un arrêt portant qu'il n'y avait lieu de prononcer aucune peine; et néanmoins il me fut recommandé d'être plus circonspect à l'avenir.

bien,..... mais, il faudrait cependant expliquer comment l'homme qui proscrit est juste et modéré ; il faudrait concilier ces choses avec l'*honeste vivere ;* autrement, monsieur le Président, ou vos paroles de 1850, ou votre dernier discours ne seraient plus que des lettres mortes.

J'arrive à un autre fait généralement considéré comme plus grave, car, dans le temps où nous vivons, les questions de propriété intéressent plus que ce qui touche à la liberté et à la sécurité des personnes. Dans toute l'Europe civilisée, il n'y a pas une âme honnête que l'acte du 22 janvier, qualifié décret, n'ait profondément révoltée ; et nulle indignation n'a dû surpasser la vôtre, car c'est bien vous qui avez écrit la phrase suivante :
« Vous faites comme *Sylla* ou *César* qui prenaient à
» leurs ennemis pour donner à leurs amis ; vous dé-
» truisez le plus solide rempart de la société, l'héritage
» propre et privé ; vous corrompez la bienfaisance, et
» VOUS COMMETTEZ UN CRIME au lieu de faire une bonne
» action. La libéralité sans la justice n'est pas la bien-
» faisance. »
Vous êtes très-certainement d'avis qu'il n'y a pas de pouvoir gouvernemental, soit républicain, soit monarchique, soit Assemblée constituante, soit dictature, qui puisse statuer sur des droits individuels et privés, sur la validité des contrats, sur les questions de propriété ; vous reconnaissez qu'en dehors et au-dessus de toutes les constitutions, il y a des droits qui sont exclusivement dans les attributions des tribunaux. Comment donc

pouvez-vous dire aujourd'hui, en parlant de l'auteur de l'acte du 22 janvier, que sa *modération* l'a retenu dans sa force, qu'à ses yeux la *justice* est un des plus beaux attributs du gouvernement des hommes, et que *la force unie à la justice* est celle qui fonde et raffermit la société ? Comment pouvez-vous qualifier de généreux et de juste un gouvernement qui conteste à l'autorité judiciaire le droit de statuer sur des réclamations privées, sur des prescriptions, sur des contrats, et qui veut faire décider par ses conseillers *prudents* et éclairés que les dispositions qu'il a prises au sujet des biens d'une famille illustre sont des actes législatifs qu'aucun pouvoir ne saurait discuter !

Pourriez-vous, monsieur le Président, citer dans le monde entier un seul jurisconsulte indépendant et honnête, qui voulût se mettre au service d'une pareille thèse ? Je conçois que le gouvernement actuel vous paraisse fort et stable : à cet égard, les opinions sont parfaitement libres; mais que vous le trouviez *juste, honnête, modéré, généreux, chrétien,* c'est, je vous l'avoue, ce qui me paraît inconciliable avec tout ce que vous avez écrit précédemment.

Vous avez, à l'occasion du 2 décembre, prononcé les mots de gloire et d'héroïsme; il faut cependant s'entendre: pour qu'une action soit héroïque, il faut qu'elle porte l'empreinte de la vertu, du *désintéressement* et du courage.

De la vertu!... monsieur le Président, je n'ai qu'une question à vous faire: quand il s'agirait de tout ce que vous possédez, de votre vie même, voudriez-vous que votre nom figurât dans ce complot? —Vous avez professé que le juste et l'injuste n'avaient pas deux poids et deux mesures et qu'il ne fallait pas juger la moralité des actes par le succès. Or, supposons que, par un événement quelconque, M. Bonaparte n'eût pas été plus heureux dans sa troisième tentative que dans les deux premières, je vous demande ce qu'*aurait dû faire* la haute cour de justice, régulièrement convoquée?... Il est vrai qu'il a réussi, mais nous parlons ici de la légalité et non du fait.

La question de *désintéressement* devra être examinée vec l'impartialité la plus scrupuleuse, par les contemporains et par la postérité; car la position personnelle des hommes qui se jettent dans ces sortes d'entreprises est la pierre de touche de tous les changements politiques *. Nous n'avons, ni l'un ni l'autre, aucun moyen de vérifier si M. Bonaparte a pratiqué cette fois le système qu'il avait précédemment tenté, mais il sera tôt ou tard indispensable que les bilans de la veille soient comparés aux inventaires du lendemain.

---

* C'est à la cupidité et à l'insolvabilité des amis de César que les documents les plus dignes de foi attribuent les dernières convulsions et la ruine de la république. Cicéron reproduit souvent cette pensée dans sa correspondance. Je me borne à citer ce qu'il écrivait le 15 juin 704.

« *Noli enim putare tolerabiles horum insanias nec unius modi forc,*
» *et si quid te horum fugit? legibus, judiciis, senatu sublato, libidi-*
» *nes, audacias, sumptus,* EGESTATES TOT EGENTISSIMORUM HOMINUM
» *nec privatas posse res nec rempublicam sustinere.* »

Quant au courage, est-ce donc qu'avec les trames qui avaient été ourdies, la résistance avait la moindre chance de succès? Depuis le rejet de la proposition des questeurs, l'Assemblée savait parfaitement qu'elle était livrée sans défense. Le genre d'arrestation pratiqué contre les hommes les plus illustres n'était pas, je l'avoue, à la portée de nos rois constitutionnels, mais il ne brille assurément ni par l'invention ni par le courage. Il suffit, en cas pareil, d'avoir banni tout scrupule, pour que le succès soit infaillible. Vous appelez cela du courage!... quant à moi, si je pouvais écrire librement, je me hasarderais presque à émettre cet avis, que c'était une sorte de jeu qui n'avait rien d'aléatoire, dont les dés étaient préparés, et dans lequel ceux qui tenaient la banque n'engageaient rien, puisque la peine de mort en matière politique est irrévocablement bannie de nos codes.

Lorsque des chefs furieux et des soldats surexcités usaient de violence envers les Représentants du peuple, lorsqu'ils parlaient de balles dans la tête et de baïonnettes dans le ventre, le courage, M. le Président, n'était pas du côté du plus fort. Ce sont vos anciens collègues, composant la haute cour de justice, qui ont été courageux en présence d'une usurpation qu'il était impossible d'arrêter. Et, puisqu'on a parlé d'héroïsme, qu'il me soit permis de rendre cet hommage à un adversaire politique: si la mort du représentant Baudin a été telle qu'on me l'a retracée, les erreurs qu'il a pu commettre, les torts de son jugement sont effacés. S'il est vrai que sa main n'ait été souillée par aucun signe de désordre, s'il est vrai qu'aucune passion anarchique n'ait été appelée à son aide et qu'il n'ait invoqué que la Constitution, les lois, le décret de l'Assemblée nationale et l'arrêt de la haute cour de justice, cette mort est digne d'envie, car il n'a pas vu l'asservissement de sa patrie.

Ceux qui s'emparaient violemment du pouvoir savaient très-bien qu'ils n'avaient rien à craindre d'une *sentinelle invisible* dont on les avait menacés, comme si elle devait nous protéger : bien invisible, en effet, lorsqu'il s'agit de défendre le droit. Quelques rares républicains ont tenté une résistance impossible ; mais on n'a rencontré dans la lutte aucun de ceux que vous appeliez *rouges* ou *socialistes*, et que j'appelle tout simplement *matérialistes* : citoyens en tout point semblables à ceux qui, selon vous, pleuraient la mort de Néron. Ils se sont tenus à l'écart. J'en ai dit la raison dans une publication récente : *Les masses turbulentes, lorsqu'elles ont reconnu leur impuissance à saisir le pouvoir ou à le conserver, trouvent, dans la défaite de l'intelligence et dans l'humiliation universelle, une sanction impitoyable de leur principe d'égalité.* Cette fraction de la multitude que vous avez confondue avec l'élément démocratique, ce qui est à mes yeux une erreur capitale, est celle qui soutenait Jules-César et qui assura sa prédominance, *après toutefois qu'il eut obtenu la faveur des légions*, par les moyens que vous connaissez. Vous la retrouverez plus ou moins nombreuse dans tous les pays et dans tous les temps. C'est celle que M. Jules de Lasteyrie qualifiait si bien à la tribune nationale, en se trompant toutefois sur le nombre (*), celle dont M. le préfet de police Carlier, dans un rapport célèbre, a si clairement spécifié les instincts. Lorsque le 3 décembre, de grand matin, les places venant à manquer au Mont-Valérien et à la prison Mazas, on nous conduisait à Vincennes, au nombre de plus de cent, tous, je le crois, amis très-sincères et très-dévoués de la démocratie laborieuse et modérée, un grand nombre des hommes dont je parle eurent, à notre passage, une attitude et des gestes insultants. Je n'ai pas été témoin de ce spectacle, ayant été conduit dans une de ces voitures qui sont destinées aux forçats ; mais ce moyen de transport, si bien approprié à la circonstance, n'ayant pas suffi, plusieurs de mes collègues ont fait le trajet dans des voitures ordinaires, et nous avons ainsi connu ce qui se passait dans la foule. Cependant, le rapprochement des noms de Vincennes et de Bonaparte devait évoquer des souvenirs sinistres ; et il était permis de se dire tout bas que, si la lutte s'engageait à outrance, ceux qui partaient ainsi pourraient bien ne pas revenir.

Cette lettre, monsieur le Président, est déjà bien longue. Je rechercherai prochainement ce qu'était l'ère des Césars, et j'examinerai si la France chrétienne en

(*) *Quos plures esse intelligo quam putaram.* Cicero. 705.

est arrivée à ce point de dégradation qu'une telle calamité doive lui être infligée par la Providence.

Veuillez, monsieur le Président, agréer l'assurance de mon respect.

Bruxelles, 24 mai 1852.

www.ingramcontent.com/pod-product-compliance
Lightning Source LLC
Chambersburg PA
CBHW051359050726
47595CB00006B/2629